NOTRE FABULEUSE TERRE

Patricia Armentrout

Un livre de la collection
Les jeunes plantes de Crabtree

Table des matières

Les couches de la Terre

Nous vivons sur la **croûte terrestre**. La croûte est la couche extérieure de notre planète.

croûte terrestre

La Terre est composée de plusieurs couches.

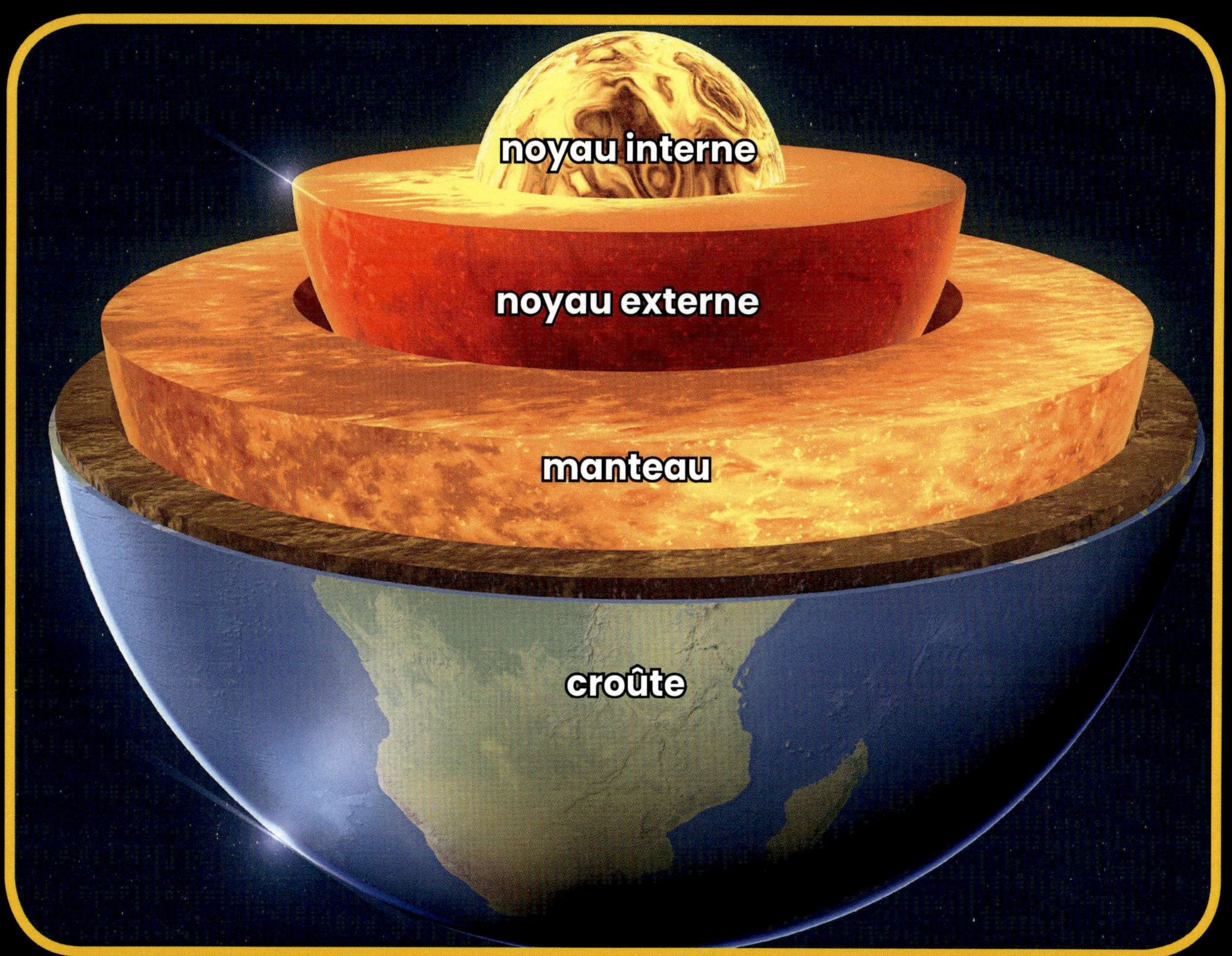

La croûte terrestre est faite de terre, de sable et de pierres.

On trouve de la terre dans les champs.

On trouve du sable à la plage.

On trouve des pierres à la montagne.

champ

plage

montagne

Le **manteau** est situé à des kilomètres sous la croûte terrestre. Le manteau est la couche la plus épaisse de la Terre.

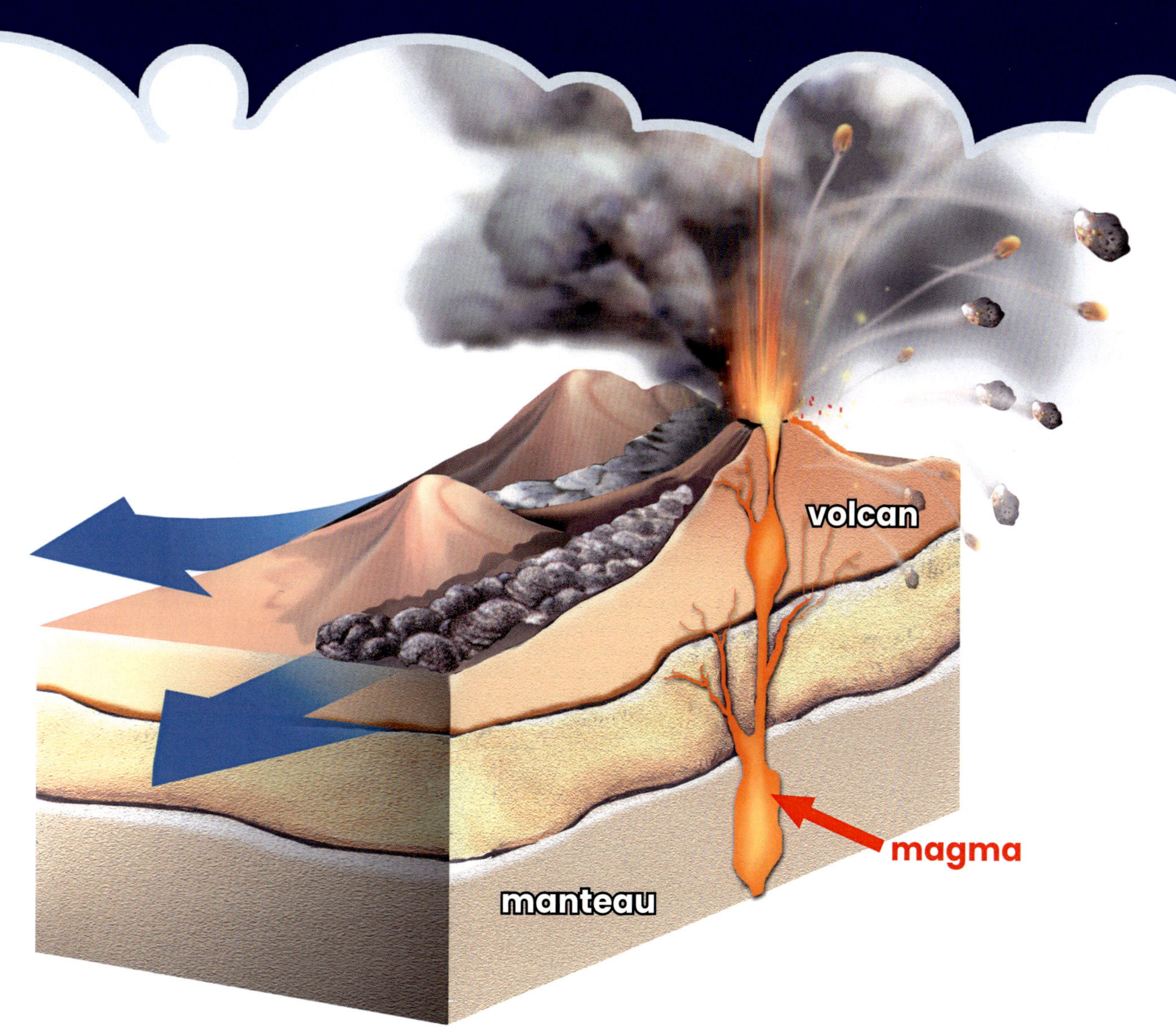

Du **magma** brûlant monte du manteau et sort par les **volcans** situés sur la croûte terrestre.

Profondément dans le manteau de la Terre, on retrouve le noyau externe et le noyau interne.

Le noyau externe est **liquide**.
Le noyau interne est **solide**.

L'atmosphère de la Terre

L'**atmosphère** est située au-dessus de la croûte terrestre. L'atmosphère est composée de plusieurs couches.

Il y a de l'air dans la couche dans laquelle nous vivons pour nous permettre de respirer. Nous avons besoin d'air.

Sans air, il n'y aurait pas de gens, pas de plantes et pas d'animaux.

Nous avons aussi besoin du soleil. La lumière du soleil réchauffe l’air, la croûte terrestre et l’eau.

Cela fait changer la météo et apporte du vent et de la pluie.

Le vent et la pluie brisent les rochers et le sol, causant de l'**érosion**.

Au fil du temps, le vent et la pluie aident à façonner la surface de la Terre.

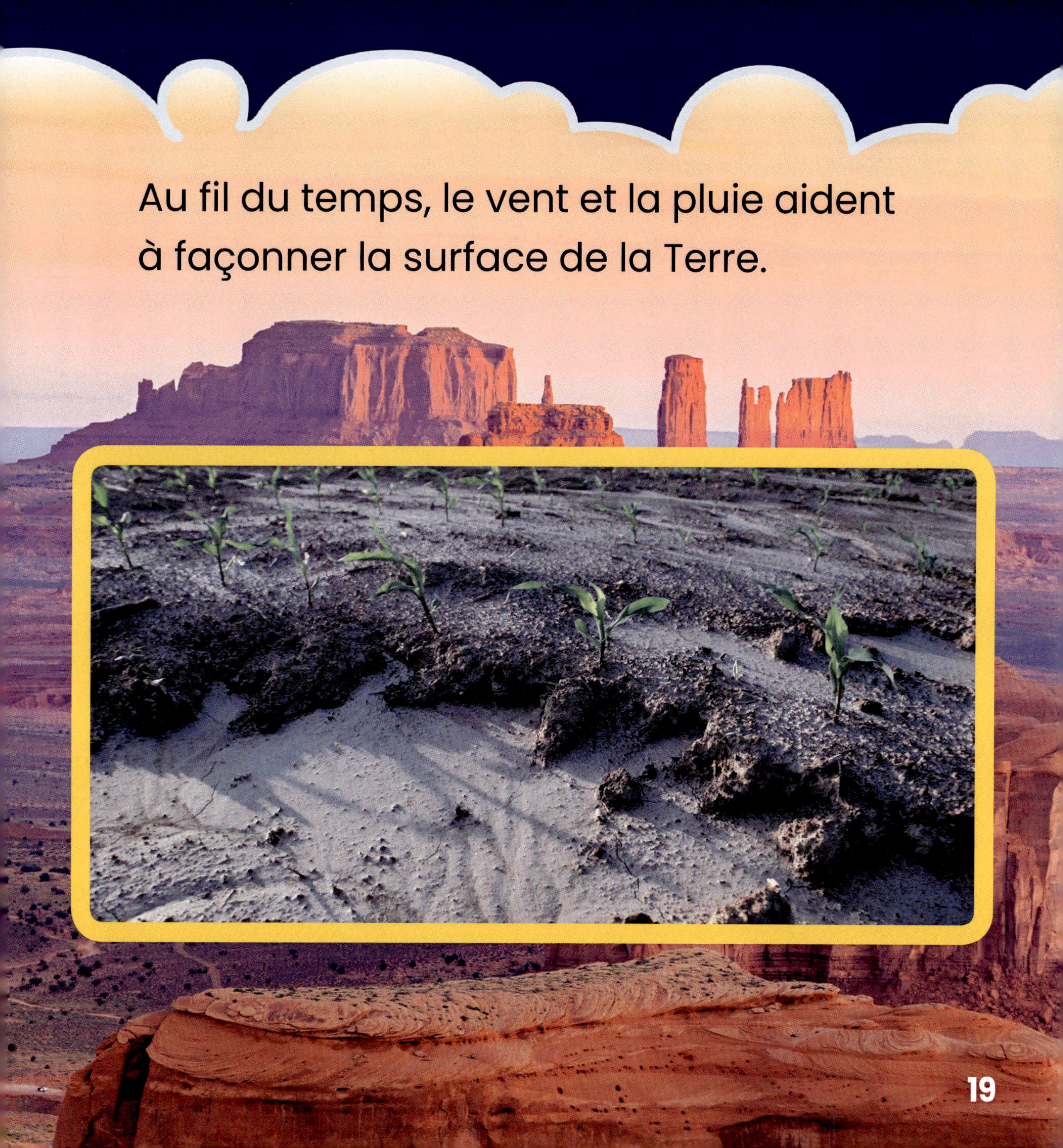

Après l'atmosphère de la Terre, il y a l'espace.

atmosphère

L'espace est là où la Terre tourne autour du soleil.

GLOSSAIRE

atmosphère (at-mos-fèr) : Le mélange de gaz autour d'une planète

croûte terrestre (krout tèr-rèss-tr) : La couche extérieure dure de la Terre où les gens, les plantes et les animaux vivent

érosion (é-ro-zion) : L'usure de la terre et des rochers par le vent et l'eau

liquide (li-kid) : Substance mouillée qui coule et que tu peux verser

magma (mag-ma) : Roche fondue et très chaude qui se trouve profondément à l'intérieur de la Terre

manteau (man-to) : La couche de la Terre entre la croûte et le noyau

solide (so-lid) : Matière dure, ferme, qui n'est pas un liquide ou un gaz

volcans (vol-kan) : Ouvertures dans la croûte terrestre d'où le magma, des gaz, des rochers et des cendres peuvent sortir

INDEX

Soutien de l'école à la maison pour les parents, les gardiens et les enseignants

Ce livre aide les enfants à se développer grâce à la pratique de la lecture. Voici quelques exemples de questions pour aider le lecteur ou la lectrice à développer ses capacités de compréhension. Les suggestions de réponses sont indiquées en rouge.

Avant la lecture

- **De quoi ce livre parle-t-il?** *Je pense que ce livre parle de faits intéressants au sujet de la Terre. Je pense que ce livre parle du centre de la Terre.*
- **Qu'est-ce que je veux apprendre sur ce sujet?** *Je veux savoir comment se forment les volcans. Je veux connaître l'âge de la Terre.*

Pendant la lecture

- **Je me demande pourquoi...** *Je me demande pourquoi la Terre a autant de couches différentes. Je me demande pourquoi il y a des volcans.*
- **Qu'est-ce que j'ai appris jusqu'à présent?** *J'ai appris que le magma brûlant monte du manteau et sort par les volcans situés sur la croûte terrestre. J'ai appris qu'il y a plusieurs couches dans l'atmosphère au-dessus de la croûte terrestre.*

Après la lecture

- **Nomme quelques détails que tu as retenus.** *J'ai appris que sans air, il n'y aurait aucun humain, aucune plante, ni aucun animal. J'ai appris que la croûte terrestre est faite de terre, de sable et de pierres.*
- **Lis le livre à nouveau et cherche les mots du glossaire.** *Je vois le mot* ***atmosphère*** *à la page 12 et le mot* ***érosion*** *à la page 18. Les autres mots du glossaire se trouvent à la page 23.*

Crabtree Publishing Company

www.crabtreebooks.com 1–800–387–7650

Version imprimée du livre produite conjointement avec Blue Door Education en 2021.

Références photographiques : www.shutterstock.com - www.istock.com. Couverture : Terre © LOURDU PRAKASH XAVIER, volcan © Steinhagen Artur. Page de titre et p. 20-21 © muratart, p. 2-3 © Valentin Valkov. p.4 (Terre) © Tyler Boyes, p. 5, 8 et 10-11 (couches de la Terre) © Naeblys, p. 6 (terre) © carroteater, (pierres) © Dino Osmic, (montagne) © Loreta Magylyte, (champ) © AZP Worldwide, (plage)© DPiX Center; p. 12-13 (photo) © Ratsamee, p. 13 et 22 (illustrations) © Designua; p. 14 © Christopher Futcher, p. 15 © Hung Chung Chih; p. 16-17 © Monika23; p. 18-19 © Jim Feliciano, Elena_Suvorova.

Imprimé au Canada/102021/CPC

Autrice : Patricia Armentrout
Coordinatrice à l'impression : Katherine Berti
Traduction : Annie Evearts

Publié au Canada par Crabtree Publishing
616 Welland Ave.
St. Catharines, ON
L2M 5V6

Publié aux États-Unis par Crabtree Publishing
347 Fifth Ave
Suite 1402-145
New York, NY 10016

Catalogage avant publication de Bibliothèque et Archives Canada

Titre: Notre fabuleuse Terre / Patricia Armentrout ; texte français d'Annie Evearts.
Autres titres: Our amazing Earth. Français.
Noms: Armentrout, Patricia, auteur.
Description: Mention de collection: La science dans mon monde : niveau 1 | Les jeunes plantes de Crabtree | Traduction de : Our amazing Earth. | Comprend un index.
Identifiants: Canadiana (livre imprimé) 20210265906 | Canadiana (livre numérique) 20210265973 | ISBN 9781039609235 (couverture souple) | ISBN 9781039609303 (HTML) | ISBN 9781039609372 (EPUB)
Vedettes-matière: RVM: Sciences de la terre—Ouvrages pour la jeunesse. | RVM: Terre—Ouvrages pour la jeunesse. | RVMGF: Documents pour la jeunesse.
Classification: LCC QE29 .A7614 2022 | CDD j550—dc23